pw

Das Passwortbuch
für 162 Passwörter

pw
Das Passwortbuch
für 162 Passwörter

Herausgeber, Satz und Abbildungen:
Martin Möller, Krüzkamp 14, 48351 Everswinkel

Druck (wenn nicht anders angegeben):
Amazon Media EU S.à r.l., 5 Rue Plaetis, L-2338, Luxembourg

ISBN: 9781090429186
Erste Auflage

MARTIN MÖLLER

Weitere Informationen über den Autor:
Internet: www.aboutmartin.de
Youtube: www.youtube.com/martinmoellerofficial
Instagram: www.instagram.com/martinmoellerofficial

Bibliografische Informationen der Deutschen Nationalbibliothek:
Die Deutsche Nationalbibliothek verzeichnet diese Publikation in der
Deutschen Nationalbibliografie; detaillierte bibliografische Daten sind
im Internet über http://dnb.dnb.de abrufbar.

Für jeden, der ein Passwort für alles hat
und dessen Leben komplett übernommen werden könnte,
wenn jemand Fremdes dieses Passwort herausfände.

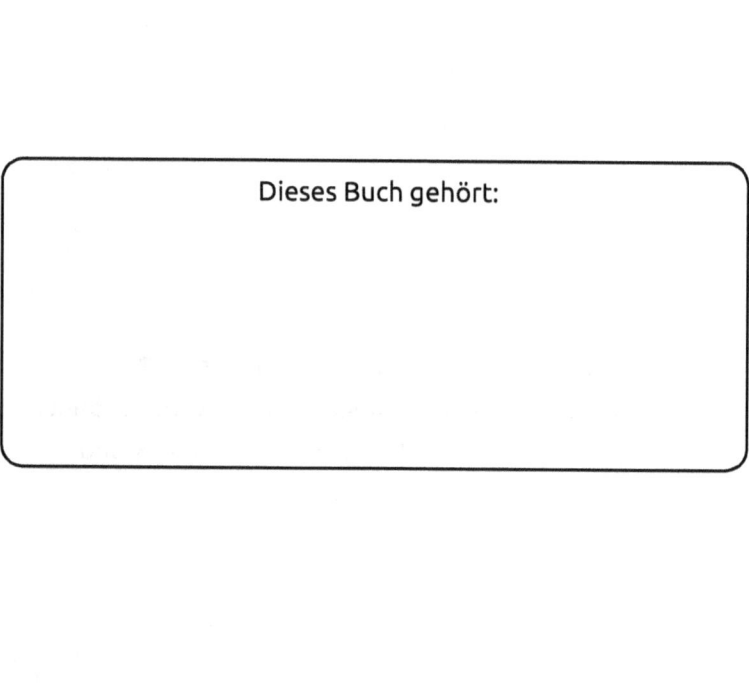

Dieses Buch gehört:

Tipps

Hier sind meine besten Tipps für den Umgang mit Passwörtern und mit diesem Buch. Am Besten stellst du dir eine für dich passende Kombination dieser Tipps zusammen und kreierst eine individuelle Passwortstrategie.

Benutze **schwer zu knackende** Passwörter

Passwörter, wie „Sonnenblume", die aus einfachen Begriffen bestehen, sind tabu! Hacker haben Programme, welche alle gängigen Passwörter und Vokabeln ausprobieren.
Um ein individuelles Passwort zu erstellen, denkst du am einfachsten an einen Satz, den du dir merken kannst und formst aus den Anfangsbuchstaben aller Wörter in dem Satz ein Passwort.

Beispiel-Satz:
„Am 21. Juli fand die erste bemannte Mondlandung statt."

Hieraus ergibt sich das Passwort: A2JfdebMs

Benutze ausgefallene **Sonderzeichen**

Werfe mal einen inspirierenden Blick auf deine Tastatur. Bestimmt findest du dort Zeichen, die du praktisch noch nie genutzt hast ;-)

Benutze **laaange** Passwörter

Je kürzer ein Passwort ist, desto schneller kann es ein Computer durch Ausprobieren herausfinden.

Benutze **unterschiedliche** Passwörter

... für jede Internetseite! Stell dir vor, du bist bei einer unsicheren Seite angemeldet (ein Blog, eine Singlebörse, was auch immer) und deine Zugangsdaten fallen in die Hände eines Hackers. Dieser hat nun deine E-Mail und dein Passwort und probiert die Daten fröhlich bei Amazon, eBay, Paypal und etlichen anderen Shops und Zahlungsdienstleistern aus. Was meinst du, wie der Hacker jauchzt, wenn er sich überall einloggen kann?

Benutze dieses Buch **nicht nur** für die Passwörter von Internetseiten

Weitere mögliche Einträge könnten lauten: WLAN, Notebook, Tablet, Smartphone, SIM-Karten-PIN etc.

Denke auch an **später**

Man weiß nie, was kommt und so ist es im Krankheits- oder Todesfall für Nachfahren oder Nahestehende äußerst hilfreich, wenn für sie beispielsweise in einem Bankschließfach wichtige Passwörter und Zugangsdaten geordnet in einem Passwortbuch verfügbar sind.

Trage deine Passwörter
nicht vollständig ein

Ja, du hast richtig gelesen. Zumindest dann, wenn du dieses Buch mit dir führst oder es nicht zugriffssicher verwahrst, verfahre folgendermaßen:

Lasse deine Passwörter insgesamt unterschiedlich, aber in einem Teil gleich sein. Dieser Teil bleibt in deinem Kopf. In diesem Buch ersetzt du den geheimen Teil durch ein Zeichen deiner Wahl, z.B. einem Viereck, Smiley, Sternchen oder was immer du möchtest.

Beispiel:
Sagen wir, dein geheimer Teil lautet: „SchweineFliegen" und du möchtest ihn durch ein Sternchen ersetzen. Wenn eines deiner Passwörter „123SchweineFliegenhoch" heißt, dann trägst du in das Passwortbuch statt des vollständigen Passwortes nur noch „123*hoch" ein.

Hier noch ein paar Beispiele:

Deine Passwörter	Was du in diesem Buch einträgst
123SchweineFliegenhoch	→ 123*hoch
~SchweineFliegenzumMOND	→ ~*zumMond
MEINESchweineFliegen@night	→ MEINE*@night

Verwende am besten einen sehr sicheren geheimen Teil und benutze hierfür z. B. Tipp #1.

Selbst wenn dein Passwortbuch verloren geht, sind auf diese Weise nur äußere Teile deiner Passwörter erkennbar, aber allesamt sind sie unvollständig. Solange dein Platzhalter geheim bleibt, bleiben auch deine partiellen Passwörter unbrauchbar und du kannst nachts weiterhin beruhigt schlafen :-)

Website: _____

Benutzername: _____

E-Mail: _____

Passwort: _____

Notizen: _____

_____

_____

Website: _____

Benutzername: _____

E-Mail: _____

Passwort: _____

Notizen: _____

_____

_____

Website: _____

Benutzername: _____

E-Mail: _____

Passwort: _____

Notizen: _____

_____

_____

Website: _____

Benutzername: _____

E-Mail: _____

Passwort: _____

Notizen: _____

_____

_____

Website: _____

Benutzername: _____

E-Mail: _____

Passwort: _____

Notizen: _____

_____

_____

Website: _____

Benutzername: _____

E-Mail: _____

Passwort: _____

Notizen: _____

_____

_____

Website: _____

Benutzername: _____

E-Mail: _____

Passwort: _____

Notizen: _____

_____

_____

Website: _____

Benutzername: _____

E-Mail: _____

Passwort: _____

Notizen: _____

_____

_____

Website: _____

Benutzername: _____

E-Mail: _____

Passwort: _____

Notizen: _____

_____

_____

b

Website: _____

Benutzername: _____

E-Mail: _____

Passwort: _____

Notizen: _____

_____

_____

Website: _____

Benutzername: _____

E-Mail: _____

Passwort: _____

Notizen: _____

_____

_____

Website: _____

Benutzername: _____

E-Mail: _____

Passwort: _____

Notizen: _____

_____

_____

Website: _____

Benutzername: _____

E-Mail: _____

Passwort: _____

Notizen: _____

_____

_____

Website: _____

Benutzername: _____

E-Mail: _____

Passwort: _____

Notizen: _____

_____

_____

Website: _____

Benutzername: _____

E-Mail: _____

Passwort: _____

Notizen: _____

_____

_____

Website: _____

Benutzername: _____ **C**

E-Mail: _____

Passwort: _____

Notizen: _____

_____

_____

Website: _____

Benutzername: _____

E-Mail: _____

Passwort: _____

Notizen: _____

_____

_____

Website: _____

Benutzername: _____

E-Mail: _____

Passwort: _____

Notizen: _____

_____

_____

Website: _____

Benutzername: _____

E-Mail: _____

Passwort: _____

Notizen: _____

_____

_____

Website: _____

Benutzername: _____

E-Mail: _____

Passwort: _____

Notizen: _____

_____

_____

Website: _____

Benutzername: _____

E-Mail: _____

Passwort: _____

Notizen: _____

_____

_____

Website: _____

Benutzername: _____

E-Mail: _____

Passwort: _____

Notizen: _____

_____

_____

Website: _____

Benutzername: _____

E-Mail: _____

Passwort: _____

Notizen: _____

_____

_____

Website: _____

Benutzername: _____

E-Mail: _____

Passwort: _____

Notizen: _____

_____

_____

d

Website: _____

Benutzername: _____

E-Mail: _____

Passwort: _____

Notizen: _____

_____

_____

Website: _____

Benutzername: _____

E-Mail: _____

Passwort: _____

Notizen: _____

_____

_____

Website: _____

Benutzername: _____

E-Mail: _____

Passwort: _____

Notizen: _____

_____

_____

Website: _____

Benutzername: _____

E-Mail: _____

Passwort: _____

e

Notizen: _____

_____

_____

Website: _____

Benutzername: _____

E-Mail: _____

Passwort: _____

Notizen: _____

_____

_____

Website: _____

Benutzername: _____

E-Mail: _____

Passwort: _____

Notizen: _____

_____

_____

Website: _____

Benutzername: _____

E-Mail: _____

Passwort: _____

Notizen: _____

_____

_____

Website: _____

Benutzername: _____

E-Mail: _____

Passwort: _____

Notizen: _____

_____

_____

Website: _____

Benutzername: _____

E-Mail: _____

Passwort: _____

Notizen: _____

_____

_____

Website: _____

Benutzername: _____

E-Mail: _____

Passwort: _____   f

Notizen: _____

_____

_____

Website: _____

Benutzername: _____

E-Mail: _____

Passwort: _____

Notizen: _____

_____

_____

Website: _____

Benutzername: _____

E-Mail: _____

Passwort: _____

Notizen: _____

_____

_____

Website: _____

Benutzername: _____

E-Mail: _____

Passwort: _____

Notizen: _____

_____

_____

Website: _____

Benutzername: _____

E-Mail: _____

Passwort: _____

Notizen: _____

_____

_____

Website: _____

Benutzername: _____

E-Mail: _____

Passwort: _____

Notizen: _____

_____

_____

Website: _____

Benutzername: _____

E-Mail: _____

Passwort: _____

Notizen: _____ g

_____

_____

Website: _____

Benutzername: _____

E-Mail: _____

Passwort: _____

Notizen: _____

_____

_____

Website: _____

Benutzername: _____

E-Mail: _____

Passwort: _____

Notizen: _____

_____

_____

Website: _____

Benutzername: _____

E-Mail: _____

Passwort: _____

Notizen: _____

_____

_____

Website: _____

Benutzername: _____

E-Mail: _____

Passwort: _____

Notizen: _____

_____

_____

Website: _____

Benutzername: _____

E-Mail: _____

Passwort: _____

Notizen: _____

_____

_____

Website: _____

Benutzername: _____

E-Mail: _____

Passwort: _____

Notizen: _____

_____

h

_____

Website: _____

Benutzername: _____

E-Mail: _____

Passwort: _____

Notizen: _____

_____

_____

Website: _____

Benutzername: _____

E-Mail: _____

Passwort: _____

Notizen: _____

_____

_____

Website: _____

Benutzername: _____

E-Mail: _____

Passwort: _____

Notizen: _____

_____

_____

Website: _____

Benutzername: _____

E-Mail: _____

Passwort: _____

Notizen: _____

_____

_____

Website: _____

Benutzername: _____

E-Mail: _____

Passwort: _____

Notizen: _____

_____

_____

Website: _____

Benutzername: _____

E-Mail: _____

Passwort: _____

Notizen: _____

_____

_____

i

Website: _____

Benutzername: _____

E-Mail: _____

Passwort: _____

Notizen: _____

_____

_____

Website: _____

Benutzername: _____

E-Mail: _____

Passwort: _____

Notizen: _____

_____

_____

Website: _____

Benutzername: _____

E-Mail: _____

Passwort: _____

Notizen: _____

_____

_____

Website: _____

Benutzername: _____

E-Mail: _____

Passwort: _____

Notizen: _____

_____

_____

Website: _____

Benutzername: _____

E-Mail: _____

Passwort: _____

Notizen: _____

_____

_____

Website: _____

Benutzername: _____

E-Mail: _____

Passwort: _____

Notizen: _____

_____

_____

j

Website: _____

Benutzername: _____

E-Mail: _____

Passwort: _____

Notizen: _____

_____

_____

Website: _____

Benutzername: _____

E-Mail: _____

Passwort: _____

Notizen: _____

_____

_____

Website: _____

Benutzername: _____

E-Mail: _____

Passwort: _____

Notizen: _____

_____

_____

Website: _____

Benutzername: _____

E-Mail: _____

Passwort: _____

Notizen: _____

_____

_____

Website: _____

Benutzername: _____

E-Mail: _____

Passwort: _____

Notizen: _____

_____

_____

Website:

Benutzername:

E-Mail:

Passwort:

Notizen:

k

Website:

Benutzername:

E-Mail:

Passwort:

Notizen:

Website:

Benutzername:

E-Mail:

Passwort:

Notizen:

Website: _____

Benutzername: _____

E-Mail: _____

Passwort: _____

Notizen: _____

_____

_____

Website: _____

Benutzername: _____

E-Mail: _____

Passwort: _____

Notizen: _____

_____

_____

Website: _____

Benutzername: _____

E-Mail: _____

Passwort: _____

Notizen: _____

_____

_____

Website:

Benutzername:

E-Mail:

Passwort:

Notizen:

Website:

Benutzername:

E-Mail:

Passwort:

Notizen:

Website:

Benutzername:

E-Mail:

Passwort:

Notizen:

1

Website: _____

Benutzername: _____

E-Mail: _____

Passwort: _____

Notizen: _____

_____

_____

Website: _____

Benutzername: _____

E-Mail: _____

Passwort: _____

Notizen: _____

_____

_____

Website: _____

Benutzername: _____

E-Mail: _____

Passwort: _____

Notizen: _____

_____

_____

Website: _____

Benutzername: _____

E-Mail: _____

Passwort: _____

Notizen: _____

_____

_____

Website: _____

Benutzername: _____

m

E-Mail: _____

Passwort: _____

Notizen: _____

_____

_____

Website: _____

Benutzername: _____

E-Mail: _____

Passwort: _____

Notizen: _____

_____

_____

Website: _____

Benutzername: _____

E-Mail: _____

Passwort: _____

Notizen: _____

_____

_____

Website: _____

Benutzername: _____

E-Mail: _____

Passwort: _____

Notizen: _____

_____

_____

Website: _____

Benutzername: _____

E-Mail: _____

Passwort: _____

Notizen: _____

_____

_____

Website: _____

Benutzername: _____

E-Mail: _____

Passwort: _____

Notizen: _____

_____

_____

Website: _____

Benutzername: _____

E-Mail: _____

Passwort: _____

Notizen: _____

_____

_____

Website: _____

Benutzername: _____

E-Mail: _____

Passwort: _____

Notizen: _____

_____

_____

n

Website: _____

Benutzername: _____

E-Mail: _____

Passwort: _____

Notizen: _____

_____

_____

Website: _____

Benutzername: _____

E-Mail: _____

Passwort: _____

Notizen: _____

_____

_____

Website: _____

Benutzername: _____

E-Mail: _____

Passwort: _____

Notizen: _____

_____

_____

Website: _____

Benutzername: _____

E-Mail: _____

Passwort: _____

Notizen: _____

_____

_____

Website: _____

Benutzername: _____

E-Mail: _____

Passwort: _____

Notizen: _____

_____

_____

Website: _____

Benutzername: _____

E-Mail: _____

Passwort: _____

Notizen: _____

_____

_____

O

Website: _____

Benutzername: _____

E-Mail: _____

Passwort: _____

Notizen: _____

_____

_____

Website: _____

Benutzername: _____

E-Mail: _____

Passwort: _____

Notizen: _____

_____

_____

Website: _____

Benutzername: _____

E-Mail: _____

Passwort: _____

Notizen: _____

_____

_____

Website: _____

Benutzername: _____

E-Mail: _____

Passwort: _____

Notizen: _____

_____

_____

Website: _____

Benutzername: _____

E-Mail: _____

Passwort: _____

p

Notizen: _____

_____

_____

Website: _____

Benutzername: _____

E-Mail: _____

Passwort: _____

Notizen: _____

_____

_____

Website: _____

Benutzername: _____

E-Mail: _____

Passwort: _____

Notizen: _____

_____

_____

Website: _____

Benutzername: _____

E-Mail: _____

Passwort: _____

Notizen: _____

_____

_____

Website: _____

Benutzername: _____

E-Mail: _____

Passwort: _____

Notizen: _____

_____

_____

Website: _____

Benutzername: _____

E-Mail: _____

Passwort: _____

Notizen: _____

_____

_____

Website: _____

Benutzername: _____

E-Mail: _____

Passwort: _____

Notizen: _____

q

_____

_____

Website: _____

Benutzername: _____

E-Mail: _____

Passwort: _____

Notizen: _____

_____

_____

Website: _____

Benutzername: _____

E-Mail: _____

Passwort: _____

Notizen: _____

_____

_____

Website: _____

Benutzername: _____

E-Mail: _____

Passwort: _____

Notizen: _____

_____

_____

Website: _____

Benutzername: _____

E-Mail: _____

Passwort: _____

Notizen: _____

_____

_____

Website: _____

Benutzername: _____

E-Mail: _____

Passwort: _____

Notizen: _____

_____

_____

Website: _____

Benutzername: _____

E-Mail: _____

Passwort: _____

Notizen: _____

r

_____

_____

Website: _____

Benutzername: _____

E-Mail: _____

Passwort: _____

Notizen: _____

_____

_____

Website: _____

Benutzername: _____

E-Mail: _____

Passwort: _____

Notizen: _____

_____

_____

Website: _____

Benutzername: _____

E-Mail: _____

Passwort: _____

Notizen: _____

_____

_____

Website: _____

Benutzername: _____

E-Mail: _____

Passwort: _____

Notizen: _____

_____

_____

Website: _____

Benutzername: _____

E-Mail: _____

Passwort: _____

Notizen: _____

_____

_____

Website: _____

Benutzername: _____

E-Mail: _____

Passwort: _____

Notizen: _____

_____

S

_____

Website: _____

Benutzername: _____

E-Mail: _____

Passwort: _____

Notizen: _____

_____

_____

Website: _____

Benutzername: _____

E-Mail: _____

Passwort: _____

Notizen: _____

_____

_____

Website: _____

Benutzername: _____

E-Mail: _____

Passwort: _____

Notizen: _____

_____

_____

Website: _____

Benutzername: _____

E-Mail: _____

Passwort: _____

Notizen: _____

_____

_____

Website: _____

Benutzername: _____

E-Mail: _____

Passwort: _____

Notizen: _____

_____

_____

Website: _____

Benutzername: _____

E-Mail: _____

Passwort: _____

Notizen: _____

_____

_____

t

Website: _____

Benutzername: _____

E-Mail: _____

Passwort: _____

Notizen: _____

_____

_____

Website: _____

Benutzername: _____

E-Mail: _____

Passwort: _____

Notizen: _____

_____

_____

Website: _____

Benutzername: _____

E-Mail: _____

Passwort: _____

Notizen: _____

_____

_____

Website: _____

Benutzername: _____

E-Mail: _____

Passwort: _____

Notizen: _____

_____

_____

Website: _____

Benutzername: _____

E-Mail: _____

Passwort: _____

Notizen: _____

_____

_____

Website: _____

Benutzername: _____

E-Mail: _____

Passwort: _____

Notizen: _____

_____

_____

Website: _____ u

Benutzername: _____

E-Mail: _____

Passwort: _____

Notizen: _____

_____

_____

Website: _____

Benutzername: _____

E-Mail: _____

Passwort: _____

Notizen: _____

_____

_____

Website: _____

Benutzername: _____

E-Mail: _____

Passwort: _____

Notizen: _____

_____

_____

Website: _____

Benutzername: _____

E-Mail: _____

Passwort: _____

Notizen: _____

_____

_____

Website: _____

Benutzername: _____

E-Mail: _____

Passwort: _____

Notizen: _____

_____

_____

Website: _____

Benutzername: _____

E-Mail: _____

Passwort: _____

Notizen: _____

_____

_____

Website: _____

Benutzername: _____   V

E-Mail: _____

Passwort: _____

Notizen: _____

_____

_____

Website: _____

Benutzername: _____

E-Mail: _____

Passwort: _____

Notizen: _____

_____

_____

Website: _____

Benutzername: _____

E-Mail: _____

Passwort: _____

Notizen: _____

_____

_____

Website: _____

Benutzername: _____

E-Mail: _____

Passwort: _____

Notizen: _____

_____

_____

Website: _____

Benutzername: _____

E-Mail: _____

Passwort: _____

Notizen: _____

_____

_____

Website: _____

Benutzername: _____

E-Mail: _____

Passwort: _____

Notizen: _____

_____

_____

Website: _____

Benutzername: _____

E-Mail: _____

Passwort: _____

Notizen: _____

_____

_____

W

Website: _____

Benutzername: _____

E-Mail: _____

Passwort: _____

Notizen: _____

_____

_____

Website: _____

Benutzername: _____

E-Mail: _____

Passwort: _____

Notizen: _____

_____

_____

Website: _____

Benutzername: _____

E-Mail: _____

Passwort: _____

Notizen: _____

_____

_____

Website: _____

Benutzername: _____

E-Mail: _____

Passwort: _____

Notizen: _____

_____

_____

Website: _____

Benutzername: _____

E-Mail: _____

Passwort: _____

Notizen: _____

_____

_____

Website: _____

Benutzername: _____

E-Mail: _____ X

Passwort: _____

Notizen: _____

_____

_____

Website: _____

Benutzername: _____

E-Mail: _____

Passwort: _____

Notizen: _____

_____

_____

Website: _____

Benutzername: _____

E-Mail: _____

Passwort: _____

Notizen: _____

_____

_____

Website: _____

Benutzername: _____

E-Mail: _____

Passwort: _____

Notizen: _____

_____

_____

Website: _____

Benutzername: _____

E-Mail: _____

Passwort: _____

Notizen: _____

_____

_____

Website: _____

Benutzername: _____

E-Mail: _____

Passwort: _____

Notizen: _____

_____

_____

Website: _____

Benutzername: _____

E-Mail: _____

Passwort: _____ y

Notizen: _____

_____

_____

Website: _____

Benutzername: _____

E-Mail: _____

Passwort: _____

Notizen: _____

_____

_____

Website: _____

Benutzername: _____

E-Mail: _____

Passwort: _____

Notizen: _____

_____

_____

Website: _____

Benutzername: _____

E-Mail: _____

Passwort: _____

Notizen: _____

_____

_____

Website: _____

Benutzername: _____

E-Mail: _____

Passwort: _____

Notizen: _____

_____

_____

Website: _____

Benutzername: _____

E-Mail: _____

Passwort: _____

Notizen: _____

_____

_____

Website: _____

Benutzername: _____

E-Mail: _____

Passwort: _____

Notizen: _____

Z

_____

_____

Website: _____

Benutzername: _____

E-Mail: _____

Passwort: _____

Notizen: _____

_____

_____

Website: _____

Benutzername: _____

E-Mail: _____

Passwort: _____

Notizen: _____

_____

_____

Website: _____

Benutzername: _____

E-Mail: _____

Passwort: _____

Notizen: _____

_____

_____

Website: _____

Benutzername: _____

E-Mail: _____

Passwort: _____

Notizen: _____

_____

_____

Website: _____

Benutzername: _____

E-Mail: _____

Passwort: _____

Notizen: _____

_____

_____

Website: _____

Benutzername: _____

E-Mail: _____

Passwort: _____

Notizen: _____

0-9

_____

_____

Notizen

www.ingramcontent.com/pod-product-compliance
Lightning Source LLC
Chambersburg PA
CBHW051401280526
45784CB00007B/3056